Jus, smoothies & Co.

Thomas Feller

Photographies : Alban COUTURIER
Stylisme : Aurore DUMAS

Avec la collaboration de Philips

HACHETTE
Pratique

Sommaire

Signification des symboles

€ bon marché

€ € raisonnable

€ € € cher

Cinq fruits et légumes par jour, c'est facile !

Les jus frais : un plein de vitamines

Bon pour la santé

Les fruits et les légumes consommés frais conservent leurs vitamines et une grande partie de leurs minéraux. Plus d'énergie, un meilleur système de défense, une libido vivifiée, un coup de pouce pour les réveils difficiles : les jus frais vous apportent tout ce qu'il faut pour vous maintenir en forme et prendre soin de vous tout au long de l'année !

Bon pour les papilles

Grâce au large choix de fruits et de légumes que vous offrent les marchés, une infinité de goûts est à votre portée... et c'est tellement meilleur que les jus tout préparés. Pour réaliser des jus d'une bonne qualité nutritionnelle et profiter au maximum de leur saveur :
- prenez des fruits et des légumes mûrs ;
- placez-les au réfrigérateur afin d'obtenir une boisson bien fraîche ;
- consommez le jus rapidement après l'avoir fait, sinon les légumes et les fruits s'oxyderont et le goût s'altèrera légèrement.

Bon pour le moral

Simples à réaliser, les jus *home made* conviennent à votre rythme de vie... même celui des plus pressés ! Ainsi vous prenez soin de vous et vous vous régalez sans effort. Et comme les associations sont infinies, laissez libre cours à votre imagination et osez créer !

De bons outils

La centrifugeuse

La centrifugeuse est un appareil qui, en tournant à grande vitesse, permet d'extraire le jus des fruits et des légumes en séparant les éléments solides (fibres et pulpes) des éléments liquides (jus).

Il suffit d'introduire les fruits et légumes dans la cheminée de l'appareil et de mélanger le jus récupéré dans le pichet, c'est prêt !

De plus, la centrifugeuse travaille pour vous : la plupart du temps il n'est pas nécessaire d'éplucher vos fruits et légumes, il vous suffit juste de les nettoyer !

Pour extraire la plus grande quantité de jus, il est préférable que votre centrifugeuse possède deux vitesses. Choisissez la vitesse 1 pour les aliments à chair tendre (fruits rouges, raisins, poires, herbes...), et la vitesse 2 pour ceux dont la chair est plus ferme (pommes, carottes, gingembre, céleri...).

Quelques exceptions et précautions d'emploi :
- bananes, avocats et figues doivent être préparés dans un blender et non dans la centrifugeuse ;
- il faut dénoyauter les fruits ;
- il faut peler les agrumes, et les fruits et légumes à peau dure (melon, pastèque...) pour éviter les goûts forts et acides.

Le blender

Un blender permet de mixer différents fruits et légumes, préalablement épluchés, pour offrir un résultat plus épais et plus onctueux qu'une centrifugeuse.

En ajoutant du lait, du yaourt ou de la glace ou en combinant son utilisation à celle d'une centrifugeuse vous réaliserez de délicieux milk-shakes, smoothies ou coulis de fruits !

Grâce à un blender puissant muni d'un bol en verre, vous pourrez aussi piler de la glace et créer ainsi de délicieux cocktails rafraîchissants ! C'est l'appareil idéal pour exprimer vos envies et votre créativité : vous verrez vous n'allez plus pouvoir vous en passer !

Trucs et astuces

Mille et une variations de goûts

Les recettes de ce livre sont des tremplins vers d'autres idées.

Quelques tuyaux sur les produits

Côté agrumes, osez les produits peu courants : mandarine, clémentine, kumquat, citron vert thaï...

Côté verdure, pensez aux épinards et aux feuilles de betterave ; piochez aussi dans les salades : très digestes et pleines de goût, elles sont idéales pour passer à la centrifugeuse.

Idées originales pour les envies sucrées

- Pêche et mirabelle.
- Yaourt, farine de châtaigne et poire.
- Prune, amande et lait.

Pour les soirées glamour

Ne manquez pas les incontournables aphrodisiaques. Remplacez la laitue par de la roquette ou de la mâche. Misez sur les graines de grenade (avec ananas et orange ; fruits de la Passion et melon ; banane et lait de coco). Faites le plein d'épices : gingembre, cannelle, anis, cardamome...

Les petits + déco

Harmonie des couleurs

Certains fruits ou légumes peuvent noircir le jus parce qu'ils sont trop mûrs, ou parce que leur peau est naturellement foncée (ex. : le concombre). N'hésitez pas à les éplucher.

Des bonbons dans tous leurs états

Bouteilles de cola, fraises, crocodiles : réduisez en poudre vos bonbons préférés avant d'en saupoudrer le jus frais.

Le coup du sirop

D'abord remplissez le verre avec le jus, et ensuite versez un peu de sirop, qui en coulant au fond du verre offrira une magnifique superposition de couleurs et de textures.

Banana power

Pour **1 verre**

Coût :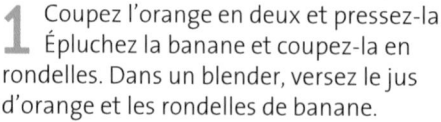

- 1 orange
- 1 banane

1 Coupez l'orange en deux et pressez-la. Épluchez la banane et coupez-la en rondelles. Dans un blender, versez le jus d'orange et les rondelles de banane.

2 Faites tourner le blender à puissance maximale pendant 30 s. Servez dans un verre et, selon vos goûts, retirez la mousse qui apparaît à la surface ou agitez à l'aide d'une cuillère. Régalez-vous !

Variante
Vous pouvez très bien remplacer l'orange par un pamplemousse, des clémentines ou mandarines. Ce sera tout aussi bon !

Vitaminaddict

Pour **1 verre**

Coût :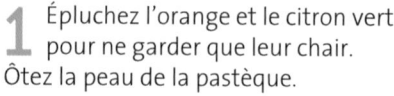

- 1 orange
- 1/2 citron vert
- 1/8 de pastèque

1 Épluchez l'orange et le citron vert pour ne garder que leur chair. Ôtez la peau de la pastèque.

2 Passez tous les fruits à la centrifugeuse. Agitez à l'aide d'une cuillère et servez.

Conseil
Ôtez bien les parties blanchâtres des agrumes qui sinon donneraient de l'amertume au jus.

Variantes
Avec une pointe de menthe hachée, c'est encore plus frais !
Vous pouvez aussi remplacer la pastèque par du melon jaune ou rose.

Carotte indienne

Pour **1 verre**

Coût :

- 3 carottes
- 6 brins de coriandre

1 Nettoyez les carottes. Effeuillez la coriandre et hachez-la.

2 Passez les carottes à la centrifugeuse. Agitez à l'aide d'une cuillère et versez dans un verre. Saupoudrez de coriandre hachée et sirotez sans attendre.

Variante

Pour un jus plus relevé, ajoutez un peu de sel de céleri, ou même une goutte d'huile pimentée (comme de l'huile à pizza).

Virgin Mary

Pour **1 verre**

Coût :

- 2 tomates
- 2 carottes
- 1/4 de citron
- Sel

1 Nettoyez les tomates et les carottes. Coupez les tomates en quatre. Épluchez le citron pour ne garder que sa chair.

2 Passez le tout à la centrifugeuse. Ajoutez une pincée de sel. Agitez à l'aide d'une cuillère et versez dans un verre avant de servir.

Conseil

Ôtez bien les parties blanchâtres du citron qui sinon donneraient de l'amertume au jus.

Variante

Une pointe de piment d'Espelette ou de Tabasco® vert transformera ce jus vitaminé en un cocktail de feu !

Cocktail aromatique

Pour **1 verre**

Coût :

- 2 carottes
- 1 botte de persil

- 1/4 de concombre
- Sel

1 Nettoyez les carottes et le persil. Épluchez le concombre si vous le souhaitez.

2 Passez tous les légumes à la centrifugeuse. Ajoutez le sel. Agitez à l'aide d'une cuillère et servez dans un verre avant de déguster.

Variante
Vous pouvez remplacer le persil par du cerfeuil.

Bugs Bunny

Pour **1 grand verre**

Coût :

- 3 carottes
- 6 feuilles de laitue
- 6 feuilles d'épinards
- 6 brins de persil

- 1/4 de céleri-rave (env. 200 g)
- 1/2 citron
- 1 pincée de sel

1 Nettoyez les carottes, la laitue, les épinards et le persil. Épluchez le céleri-rave et le citron pour ne garder que leur chair.

2 Passez tous ces ingrédients à la centrifugeuse. Salez légèrement le jus, agitez à l'aide d'une cuillère et versez-le dans un grand verre transparent.

Conseil
Ôtez bien les parties blanchâtres du citron qui sinon donneraient de l'amertume au jus.

Variantes
La laitue peut être remplacée par d'autres salades (feuille de chêne, mâche, etc.).
Vous pouvez remplacer le persil par du cerfeuil ou de l'estragon.

Tonus

Pour **1 grand verre**

Coût :

- 1/2 poivron vert
- 2 carottes
- Sel

1 Nettoyez le poivron et les carottes. Ôtez les graines et les membranes blanches du poivron.

2 Passez les légumes à la centrifugeuse. Salez légèrement. Agitez à l'aide d'une cuillère et versez dans un grand verre avant de servir.

Variante
Dans un tout autre genre, ajoutez à ce jus un peu d'huile pimentée. Le résultat est 100 % tonique !

Popeye

Pour **1 verre**

Coût :

- 2 carottes
- 1 poignée de feuilles d'épinard
- 1/2 betterave crue

1 Nettoyez les carottes et les feuilles d'épinard. Épluchez la betterave.

2 Passez le tout à la centrifugeuse. Agitez à l'aide d'une cuillère et versez dans un verre avant de servir.

Conseil
Si vous le désirez, salez et poivrez légèrement ce jus.

Variante
Le cousin de ce jus, c'est le Brisefer : passez à la centrifugeuse 1 carotte, 1/4 de betterave crue, 1/4 de concombre, 1/8 de céleri-rave et un peu de sel. Régalez-vous !

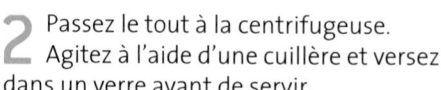

Monochrome orange

Pour **1 verre**

Coût :

- 2 carottes
- 1/4 de céleri-rave (env. 200 g)
- Sel

1 Nettoyez les carottes.
Épluchez le céleri-rave.

2 Passez le tout à la centrifugeuse.
Salez à votre convenance. Agitez à l'aide d'une cuillère et versez dans un verre avant de servir.

Variantes

Un secret de spécialiste : ajoutez une toute petite cuil. à café d'huile de noix...
Pour un autre jus monochrome vitaminé, passez à la centrifugeuse 1 carotte, 1/2 mangue et 1 orange épluchées. Forme garantie !

Light juice

Pour **1 verre**

Coût :

- 2 carottes
- 1 pomme
- 1 orange

1 Nettoyez les carottes et la pomme et coupez celle-ci en quatre. Épluchez l'orange pour ne garder que sa chair.

2 Passez le tout à la centrifugeuse.
Agitez à l'aide d'une cuillère et versez dans un verre avant de servir.

Conseil

Ôtez bien les parties blanchâtres de l'orange qui sinon donneraient de l'amertume au jus.

Variante

1 carotte, 1/2 orange et 1/8 d'ananas : d'autres saveurs, autant de plaisir.

Ecopower

Pour **1 grand verre**

Coût :

- 2 carottes
- 2 pommes
- 100 g de brocolis crus
- 1/4 de citron
- Sel

1 Nettoyez les carottes, les pommes et les brocolis. Coupez les pommes en quatre et les brocolis en morceaux. Épluchez le citron pour ne garder que sa chair.

2 Passez le tout à la centrifugeuse. Salez légèrement. Agitez à l'aide d'une cuillère et versez dans un grand verre avant de servir.

Conseil
Ôtez bien les parties blanchâtres du citron qui sinon donneraient de l'amertume au jus.

Variante
Le même... mais pas tout à fait : 3 carottes, 1 pomme et 1 poignée de persil.

Une pomme chaque matin !

Pour **1 verre**

Coût :

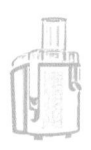

- 1 carotte
- 1 pomme
- 1/4 de concombre

1 Nettoyez la carotte et la pomme. Coupez celle-ci en quatre. Épluchez le concombre si vous le souhaitez.

2 Passez le tout à la centrifugeuse. Agitez à l'aide d'une cuillère et versez dans un verre avant de servir.

Variante
Essayez aussi ce jus en remplaçant la pomme par une orange. Délicieux...

100 % vitaminé !

Pour **1 verre**

Coût :

- 1/2 pamplemousse
- 1/2 pomme
- 2 brins de menthe

- 1 petite poignée de feuilles d'épinard
- 1/6 de concombre
- 100 g de raisins blancs

1 Ôtez la peau du pamplemousse pour ne garder que sa chair. Nettoyez la pomme, la menthe et les feuilles d'épinard. Coupez la pomme en deux. Épluchez le concombre si vous le souhaitez. Rincez le raisin et égrappez-le.

2 Passez le tout à la centrifugeuse. Agitez à l'aide d'une cuillère et versez dans un verre avant de servir.

Conseil
Ôtez bien les parties blanchâtres du pamplemousse qui sinon donneraient de l'amertume au jus.

Smoothie vitaminé très mielleux

Pour **1 grand verre**

Coût :

- 1/2 pamplemousse
- 1/2 orange
- 50 g de fraises

- 1 cuil. à café de miel
- 1 yaourt

1 Épluchez le pamplemousse et l'orange pour ne garder que leur chair. Nettoyez les fraises et équeutez-les.

2 Passez les fruits à la centrifugeuse. Ajoutez le miel. Mélangez le jus avec le yaourt et servez-le dans un grand verre.

Conseil
Ôtez bien les parties blanchâtres des agrumes qui sinon donneraient de l'amertume au jus.

Variante
Vous pouvez remplacer le miel par du sirop d'érable ou 1 cuil. à café de sucre de canne.

Marsupilami

Pour **1 verre**

Coût :

- 1/4 d'ananas
- 1 orange
- 1 fruit de la Passion

1 Épluchez l'ananas et l'orange. Coupez le fruit de la Passion en deux. À l'aide d'une petite cuillère, récupérez ses graines et son jus et mettez-les dans un verre.

2 Passez l'ananas et l'orange à la centrifugeuse. Agitez à l'aide d'une cuillère et versez le jus dans le verre. Remuez encore avant de servir.

Conseils

Ôtez bien les parties blanchâtres de l'orange qui sinon donneraient de l'amertume au jus. Si vous préférez ne pas avoir dans votre verre les graines du fruit de la Passion, mettez-les dans un tamis et écrasez-les avec le dos d'une cuillère. Ainsi, vous récupérerez le jus du fruit sans l'amertume de ses graines.

Alegria

Pour **1 verre**

Coût :

- 1 pomme
- 1/8 d'ananas
- 100 g de fraises

1 Nettoyez la pomme et coupez-la en quatre. Épluchez l'ananas. Nettoyez les fraises et équeutez-les si vous le souhaitez.

2 Passez tous les fruits à la centrifugeuse. Agitez à l'aide d'une cuillère et versez dans un verre avant de servir.

Variante

Une envie de douceur ? Réduisez les proportions des fruits par deux et mélangez le jus avec un yaourt ou un petit verre de lait.

Sweety smoothie

Pour **1 verre**

Coût : €

- 50 g de fraises
- 1/2 banane
- 1/2 pomme

- 1 cuil. à café de miel
- 10 cl de lait
- 1 ou 2 glaçons

1 Nettoyez et équeutez les fraises. Épluchez la banane et coupez-la en rondelles. Épluchez la pomme et coupez-la en petits morceaux.

2 Versez tous les ingrédients (sauf les glaçons) dans le blender et faites tourner 30 s à puissance maximale. Servez dans un verre avec 1 ou 2 glaçons.

Variante

Vous pouvez bien sûr remplacer le lait par du yaourt, mais la consistance sera plus épaisse.

Sunrise

Pour **1 verre**

Coût : €

- 1 banane
- 1/2 orange

- 100 g de fraises
- 2 glaçons

1 Épluchez la banane et coupez-la en rondelles. Pressez la demi-orange pour en récupérer le jus. Nettoyez les fraises et équeutez-les.

2 Mettez tous les ingrédients dans le blender et faites tourner 30 s à puissance maximale. Versez dans un verre et servez.

Conseil

Ce jus est très épais, c'est pourquoi on y ajoute des glaçons.
Mais vous pouvez tout à fait les remplacer par de l'eau ou un peu plus de jus d'orange.

Variantes

Ce jus est une bonne base pour un smoothie, en ajoutant un yaourt ou un petit verre de lait.
Si c'est un milk-shake qui vous tente, ajoutez plutôt de la glace à la vanille.

Vendange exotique

Pour **1 verre**

Coût :

- 1/4 d'ananas
- 100 g de raisins noirs
- 50 g de framboises

1 Épluchez l'ananas. Rincez le raisin et égrappez-le. Rincez les framboises.

2 Passez tous les fruits à la centrifugeuse. Agitez à l'aide d'une cuillère et versez dans un verre avant de servir.

Conseil
Si vous trouvez le jus trop acide, ajoutez 1 cuil. à café de miel ou de sucre en poudre.

Fruits rouges

Pour **1 verre**

Coût :

- 2 pommes
- 150 g de groseilles

1 Nettoyez les pommes et les groseilles. Coupez les pommes en quatre. Rincez et équeutez les groseilles.

2 Passez le tout à la centrifugeuse. Agitez à l'aide d'une cuillère et versez dans un verre avant de servir.

Conseil
Si vous trouvez le jus trop acide, ajoutez 1 cuil. à café de miel ou de sucre en poudre.

Variante
Pour cette recette, tous les fruits rouges pourraient remplacer les groseilles : les framboises, les mûres, les fraises, le cassis, les myrtilles, etc.

Kir... des petits

Pour **1 verre**

Coût :

- 1 grappe de raisin blanc
- 100 g de cassis
- 1 cuil. à café de sucre en poudre

1 Rincez le raisin et le cassis. Équeutez-les si vous le souhaitez.

2 Passez le cassis à la centrifugeuse. Récupérez le jus et mélangez-le avec le sucre en poudre. Versez-le dans un verre. Passez ensuite le raisin à la centrifugeuse et ajoutez le jus obtenu dans le verre. Servez.

Conseil

Si vous souhaitez sophistiquer la présentation, versez doucement le jus de raisin sur les bords du verre en le penchant, de façon à obtenir deux couches de jus de fruits.

Variante

Le cassis peut être remplacé par des mûres, des framboises ou tout autre fruit rouge.

Smoothie tropical

Pour **1 verre**

Coût :

- 1/2 orange
- 1/8 d'ananas

- 1/4 de mangue
- 10 cl de lait

1 Pressez l'orange pour en récupérer le jus. Épluchez l'ananas. Épluchez et récupérez la chair de la mangue.

2 Mettez tous les ingrédients dans le blender et faites tourner 30 s à puissance maximale. Versez le jus dans un verre et servez.

Conseil

Si vous trouvez le jus trop épais, ajoutez un glaçon, de l'eau ou du jus d'orange.

Variantes

Pour un smoothie encore plus tropical et très doux, remplacez la demi-orange par une demi-goyave. Si vous préférez l'onctuosité du milk-shake, le lait peut être remplacé par de la glace à la vanille.

Smoothie banane, kiwi & Co.

Pour 1 grand verre

Coût :

- 1/2 banane
- 1/2 kiwi
- 1/8 d'ananas
- 10 cl de lait

1 Épluchez la banane, le kiwi et l'ananas. Mettez tous les ingrédients dans le blender. Faites tourner 30 s à puissance maximale et versez le smoothie dans un grand verre avant de servir.

Variante
Vous pouvez très bien remplacer le kiwi par 1/2 pomme ou 1/2 poire ou même le jus d'1/2 orange.

Smoothie pour ma poire et ta pomme !

Pour 1 verre

Coût :

- 1 poire
- 1 pomme
- 1 yaourt

1 Nettoyez la poire et la pomme. Passez-les à la centrifugeuse. Mélangez le jus avec le yaourt. Servez dans un verre.

Variante
Une pincée d'originalité ? Ajoutez dans ce smoothie un peu de cannelle ou de vanille.

Smoothie rose

Pour **1 grand verre**

Coût :

- 1 banane
- 100 g de framboises
- 10 cl de lait

1 Épluchez la banane. Nettoyez les framboises.

2 Mettez tous les ingrédients dans le blender et faites tourner 30 s à puissance maximale. Versez le smoothie dans un grand verre avant de servir.

Conseils

Si les framboises sont trop acides, ajoutez un peu de miel ou de sucre en poudre.
Vous pouvez très bien conserver ce smoothie 48 heures dans une bouteille fermée et placée au frais, pour le déguster plus tard.

Variante

Les fraises, les myrtilles ou les mûres se marient aussi très bien avec la banane.

Smoothie impérial

Pour **1 verre**

Coût : €

- 1 pêche
- 2 clémentines
- 1 yaourt

1 Épluchez la pêche et dénoyautez-la. Pressez les clémentines pour en récupérer le jus. Versez tous les ingrédients dans le blender et faites tourner 30 s à puissance maximale. Servez aussitôt dans un verre.

Variantes

Une ou deux boules de glace remplaceront à merveille le yaourt.
L'abricot, la pêche ou le brugnon peuvent se substituer aux clémentines.

Mariage fraise et rhubarbe

Pour **1 verre**

Coût : €

- 200 g de fraises
- 200 g de rhubarbe
- Sirop d'érable

1 Nettoyez les fraises et équeutez-les si vous le souhaitez.

2 Passez les fraises et la rhubarbe à la centrifugeuse. Ajoutez le sirop d'érable, agitez à l'aide d'une cuillère et servez aussitôt.

Conseil
En ajoutant une boule de glace vanille, vous obtenez un délicieux smoothie.

Mon jus de tomate

Pour **1 verre**

Coût : €

- 1 tomate
- 1/4 de concombre
- 1/4 de citron
- 2 poignées de persil

1 Nettoyez la tomate et coupez-la en deux. Épluchez le concombre si vous le souhaitez. Épluchez le citron pour ne garder que sa chair. Nettoyez le persil.

2 Passez le tout à la centrifugeuse. Agitez à l'aide d'une cuillère et versez dans un verre avant de servir.

Conseil
Ôtez bien les parties blanchâtres du citron qui sinon donneraient de l'amertume au jus.

Variante
Vous pouvez remplacer le persil par du cerfeuil, du basilic, de l'estragon ou même de la menthe fraîche.

Tomatorange

Pour **1 verre**

Coût :

- 2 tomates
- 1 orange
- 1/4 de citron

1 Nettoyez les tomates et coupez-les en deux. Épluchez l'orange et le citron pour ne garder que leur chair.

2 Passez tous les ingrédients à la centrifugeuse. Agitez à l'aide d'une cuillère et versez dans un verre avant de servir.

Conseils

Ôtez bien les parties blanchâtres des agrumes qui donneraient de l'amertume au jus.

Variantes

N'hésitez pas à utiliser une orange sanguine ou maltaise.
Vous pouvez aussi réaliser ce jus avec du pamplemousse. Dans ce cas, 1/2 pamplemousse suffit.

Un goût de l'Est

Pour **1 verre**

Coût :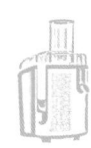

- 2 pommes
- 1/4 de betterave crue

1 Nettoyez les pommes et coupez-les en quatre. Épluchez la betterave.

2 Passez le tout à la centrifugeuse. Agitez à l'aide d'une cuillère et versez dans un verre avant de servir.

Variante

Si vous aimez les notes piquantes, relevez ce jus en ajoutant une goutte de citron.
À siroter en grignotant des noix ou des noisettes...

Le cocktail CBC

Pour **1 verre**

Coût : €

- 1 carotte
- 1/4 de betterave crue
- 1/4 de concombre
- Sel

1 Nettoyez la carotte. Épluchez la betterave, et le concombre si vous le souhaitez.

2 Passez le tout à la centrifugeuse. Agitez à l'aide d'une cuillère et versez dans un verre avant de servir.

Variantes

Vous pouvez ajouter une goutte de vinaigre de vin ou de citron si vous aimez les jus plus relevés. Une touche de piment ou de curry est tout aussi bienvenue.

Verre de fraîcheur

Pour **1 verre**

Coût : €

- 1 tomate
- 1/8 de pastèque
- 1/2 concombre

1 Nettoyez la tomate et coupez-la en deux. Ôtez la peau de la pastèque. Épluchez le concombre si vous le souhaitez.

2 Passez le tout à la centrifugeuse. Agitez à l'aide d'une cuillère et versez dans un verre avant de servir.

Variantes

Vous pouvez remplacer la pastèque par du melon.
Ajoutez un peu de citron et d'huile d'olive : c'est étonnant et délicieux !
Pour enrichir ce jus et en faire une véritable entrée, vous pouvez y ajouter un peu de chèvre frais coupé en petits morceaux.

Roma

Pour **1 verre**

Coût : €€

- 150 g de figues
- 1/4 de melon de Cavaillon
- 2 glaçons (ou un peu d'eau)

1 Ôtez le pédoncule des figues. Ôtez la peau et les pépins du melon. Mettez tous les ingrédients de la recette dans le blender et faites tourner 30 s à puissance maximale. Servez dans un verre assez large car le jus est épais.

Variantes

Vous pouvez remplacer le melon ou les figues par de la pastèque. Le melon peut être jaune ou galia.

¡ Ay Caramba !

Pour **1 verre**

Coût : €

- 2 tomates
- 1/2 citron
- 1/2 avocat

- 1 pincée de piment d'Espelette
- 1 pincée de sel
- 1 ou 2 glaçons

1 Nettoyez les tomates. Épluchez le citron pour ne garder que sa chair. Passez les tomates et la chair du citron à la centrifugeuse. Agitez à l'aide d'une cuillère et récupérez le jus. Épluchez l'avocat.

2 Mettez le jus et le reste des ingrédients (sauf les glaçons) dans le blender. Faites tourner 30 s à puissance maximale. Versez dans un verre et servez avec 1 ou 2 glaçons.

Conseil

Ôtez bien les parties blanchâtres du citron qui sinon donneraient de l'amertume au jus.

Variante

Vous pouvez bien sûr remplacer le piment par du Tabasco® ou un peu d'huile pimentée.

Ananas-basilic

Pour **1 verre**

Coût : €

- 1 orange
- 1/4 d'ananas
- 4 brins de basilic

1 Épluchez l'orange pour ne garder que sa chair. Épluchez l'ananas et coupez-le en morceaux. Effeuillez le basilic et hachez-le finement.

2 Passez l'orange et l'ananas à la centrifugeuse. Agitez à l'aide d'une cuillère et versez dans un verre. Saupoudrez de basilic haché et servez.

Conseil
Ôtez bien les parties blanchâtres de l'orange qui sinon donneraient de l'amertume au jus.

Variantes
La menthe fraîche peut très bien se substituer au basilic.
Pensez aussi à cette association : fraises, oranges et menthe fraîche.

Tomate et raisin

Pour **1 verre**

Coût : €

- 1 tomate
- 1/2 grappe de raisin blanc ou noir
- 1/4 de citron

1 Nettoyez la tomate et coupez-la en deux ou quatre. Nettoyez le raisin et égrappez-le. Épluchez le citron pour ne garder que sa chair.

2 Passez les ingrédients à la centrifugeuse. Agitez à l'aide d'une cuillère et versez dans un verre avant de servir.

Conseil
Ôtez bien les parties blanchâtres du citron qui sinon donneraient de l'amertume au jus.
Il n'est pas obligatoire de mettre du citron, surtout si les raisins ne sont pas complètement mûrs.
D'une manière générale, l'acidité du citron fait ressortir les goûts mais cet agrume est rarement indispensable si vous ne l'appréciez pas.

Une salade dans mon verre !

Pour 1 verre

Coût :

- 1/4 de melon de Cavaillon
- 1/2 citron
- 1/2 poire
- 4 feuilles de laitue

1 Épluchez le melon et le citron pour ne garder que leur chair. Nettoyez la poire et les feuilles de laitue.

2 Passez tous les ingrédients à la centrifugeuse. Agitez à l'aide d'une cuillère et versez dans un verre avant de servir.

Conseil
Ôtez bien les parties blanchâtres du citron qui sinon donneraient de l'amertume au jus.

Variantes
On peut remplacer la poire par de la pomme, la laitue par de la feuille de chêne, le melon par de la pastèque.

Le Greco

Pour 1 verre

Coût :

- 10 feuilles de menthe fraîche
- 1/4 de concombre
- 1 yaourt
- Sel

1 Nettoyez les feuilles de menthe fraîche. Épluchez le concombre.

2 Mettez tous les ingrédients dans le blender. Faites tourner 30 s à puissance maximale et servez aussitôt dans un verre.

Variante
Vous pouvez mettre un peu moins de concombre et ajouter le jus d'une tomate passée à la centrifugeuse.

Union Jack

Pour **1 verre**

Coût :

- 1 carotte
- 1 côte de fenouil

- 1 branche de cœur de céleri
- 1 tomate

1 Nettoyez la carotte, le fenouil, le céleri et la tomate. Coupez celle-ci en deux.

2 Passez le tout à la centrifugeuse. Agitez à l'aide d'une cuillère et versez dans un verre avant de servir.

Variantes

Vous pouvez ajouter à ce jus un peu de sel et de Tabasco®.
Mon ami James ajouterait volontiers un peu de Worcestershire sauce et peut-être même une larme de gin !

Smoothie framboises à la banane

Pour **1 grand verre**

Coût :

- 50 g de framboises
- 1/2 kiwi

- 1/2 banane
- 10 cl de lait

1 Nettoyez les framboises. Épluchez le kiwi et la banane. Mettez tous les ingrédients dans le blender. Faites tourner 30 s à puissance maximale et servez le smoothie dans un grand verre.

Conseil

Si vous trouvez le smoothie trop acide, ajoutez 1 cuil. à café de miel ou de sirop d'érable.

Variantes

Vous pouvez remplacer le lait par un yaourt. Le smoothie sera alors plus épais.
Voici un autre smoothie cousin de celui-ci : 50 g de fraises, 1/2 banane, le jus d'1/2 orange et 1 yaourt.

Pomme d'amour

Pour **1 verre**

Coût :

- 3 pommes
- 2 cm de racine de gingembre

1 Nettoyez les pommes et coupez-les en quatre. Épluchez le gingembre. Passez le tout à la centrifugeuse. Agitez à l'aide d'une cuillère et versez dans un verre avant de servir.

Conseil

Vous n'êtes pas obligé d'éplucher le gingembre, mais sa peau peut légèrement assombrir le jus.

Variantes

Une autre pomme d'amour s'obtient en passant à la centrifugeuse 2 pommes et 1 branche de céleri. Poires ou oranges à la place des pommes vous régaleront tout autant.

Maharadjah

Pour **1 verre**

Coût :

- 1/2 mangue
- 1 yaourt
- 1 pincée de cardamome en poudre

1 Épluchez la mangue et récupérez sa chair. Versez tous les ingrédients dans le blender. Faites tourner 30 s à puissance maximale et servez le jus dans un verre.

Conseil

Ce smoothie est assez épais. Vous pouvez remplacer le yaourt par du lait pour obtenir une consistance plus légère.

Saveur anisée

Pour **1 verre**

Coût : €

- 1 branche de céleri
- 1 pomme
- 1/2 citron vert
- 1/4 de concombre
- 1 pincée de sel

1 Nettoyez la branche de céleri et la pomme. Coupez celle-ci en quatre. Épluchez le citron vert pour ne garder que sa chair. Épluchez le concombre si vous le souhaitez.

2 Passez tous les fruits et légumes à la centrifugeuse. Salez légèrement le jus et agitez à l'aide d'une cuillère avant de servir.

Conseil

Ôtez bien les parties blanchâtres du citron qui sinon donneraient de l'amertume au jus.

Variante

Vous pouvez réaliser un autre très bon jus en passant à la centrifugeuse 1 tomate, 1 branche de cœur de céleri, 1/4 de concombre, 1/4 de citron et un peu de Tabasco®.

Rose

Pour **1 verre**

Coût : € €

- 1/4 de melon
- 50 g de fraises
- 50 g de framboises

1 Ôtez la peau et les pépins du melon. Nettoyez les fraises et les framboises et ôtez leurs pédoncules.

2 Mettez les fruits dans le blender et faites tourner 30 s à puissance maximale. Servez le jus dans un verre.

Conseils

N'hésitez pas à ajouter un peu d'eau pour obtenir une consistance plus liquide.
Si votre jus est trop acide, ajoutez un peu de miel ou de cassonade.

Variante

Vous pouvez remplacer les framboises par d'autres fruits rouges comme des mûres ou des groseilles, et le melon par de la pastèque.

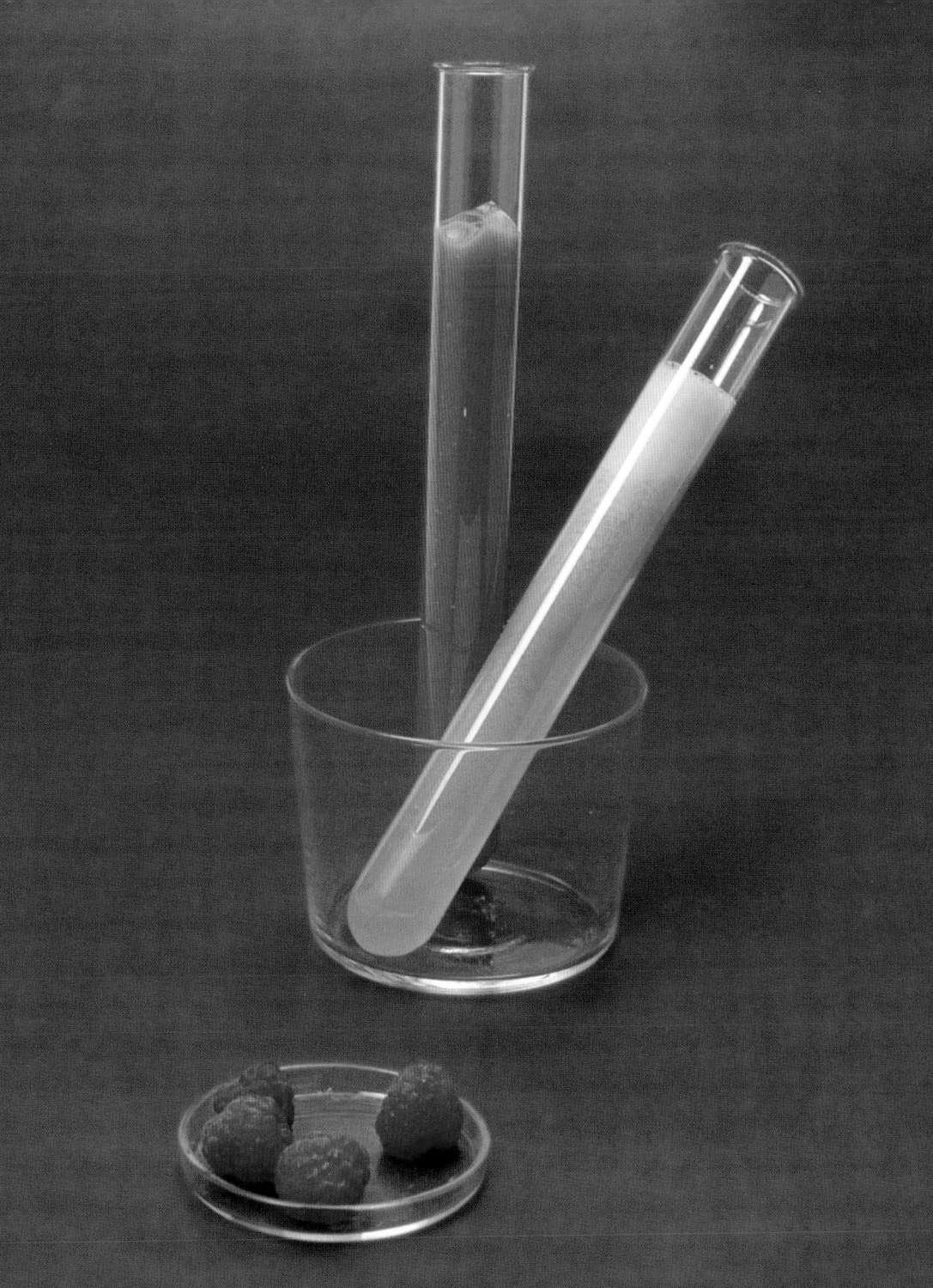

Lait de beauté

Pour **1 verre**

Coût :

- 1 poire
- 50 g d'amandes en poudre
- 1 yaourt

1 Épluchez la poire et ôtez-en le cœur. Rassemblez tous les ingrédients dans le blender et faites tourner 30 s à puissance maximale. Servez dans un verre.

Conseil

Si vous préférez un smoothie un peu moins épais, vous pouvez filtrer le jus à l'aide d'un tamis (notamment pour retirer les derniers petits morceaux d'amandes).

Variante

Vous pouvez remplacer les amandes par des noisettes ou alors la poire par de l'ananas.

Orange blossom

Pour **1 verre**

Coût :

- 3 carottes
- 2 cm de racine de gingembre
- 1 orange
- 1/2 citron vert

1 Nettoyez les carottes. Épluchez le gingembre. Épluchez l'orange et le citron vert pour ne garder que leur chair.

2 Passez tous les ingrédients à la centrifugeuse. Agitez à l'aide d'une cuillère avant de verser le jus dans un verre et de servir.

Conseil

Ôtez bien les parties blanchâtres de l'orange et du citron vert qui sinon donneraient de l'amertume au jus.

Variante

Sur la même base, on peut obtenir un autre très bon jus en passant à la centrifugeuse 3 carottes, 1 pomme, 2 cm de racine de gingembre épluchée et 1 poignée de persil.

Soleil couchant

Pour **1 grand verre**

Coût : €

- 1/8 de melon de Cavaillon
- 1/8 de pastèque
- 1 cuil. à café de miel

- 1 pincée de « hot curry »
- 1 ou 2 glaçons

1 Ôtez la peau du melon et de la pastèque. Passez-les à la centrifugeuse. Récupérez le jus, ajoutez le miel et le curry. Mélangez bien, ajoutez les glaçons et servez dans un grand verre à cocktail.

Variante

Il est possible de préparer ce jus au blender. Sachez juste qu'il sera plus épais.

Rayon vert

Pour **1 grand verre**

Coût : € €

- 1 noix de coco
- 1/2 avocat
- 1/2 citron vert

- 1 cuil. à café de cassonade
- 1 pincée de piment en poudre
- 1 ou 2 glaçons

1 Cassez la noix de coco et conservez son eau. Grattez l'intérieur pour récupérer la chair en essayant de ne pas la salir. Déposez l'eau et la chair dans le blender. Épluchez l'avocat. Pressez le citron vert et ajoutez le jus dans le blender avec le reste des ingrédients (sauf les glaçons).

2 Faites tourner de 30 s à 1 min à puissance maximale. Servez le jus avec les glaçons dans un grand verre transparent.

Conseils

Pour que ce soit plus pratique, vous pouvez aussi utiliser du lait de coco en boîte ou en brique à la place de la noix de coco.
Il est possible que quelques grumeaux se forment dans le jus. Dans ce cas, n'hésitez pas à le filtrer.

Baby's on fire

Pour **1 verre**

Coût : €

- 2 côtes de fenouil
- 2 tomates
- Tabasco®
- 1 cuil. à café d'huile d'olive
- 1 pincée de sel

1 Nettoyez les côtes de fenouil et les tomates.

2 Passez les légumes à la centrifugeuse. Ajoutez quelques gouttes de Tabasco® selon vos goûts, le sel et l'huile d'olive, et agitez à l'aide d'une cuillère avant de servir.

Variante

Vous pouvez aussi ajouter quelques gouttes de jus de citron vert.

Rouge sang

Pour **1 verre**

Coût : € €

- 200 g de cerises
- 50 g de framboises
- 1 cuil. à café de cassonade
- 1 glaçon

1 Nettoyez les fruits. Dénoyautez les cerises. Mettez tous les ingrédients dans le blender et faites tourner 30 s à puissance maximale. Servez le jus dans un verre avec le glaçon.

Variante

Vous pouvez remplacer les framboises par des mûres ou des fraises, et les cerises par des mirabelles.

Cendrillon

Pour **1 verre**

Coût : €

- 2 pommes
- 1/8 de potimarron
- 1/2 citron

1 Nettoyez les pommes. Épluchez le potimarron et retirez-en les graines. Épluchez le citron pour ne garder que sa chair.

2 Passez tous les ingrédients à la centrifugeuse. Agitez à l'aide d'une cuillère et versez dans un verre avant de servir.

Conseil
Ôtez bien les parties blanchâtres du citron qui sinon donneraient de l'amertume au jus.

Variante
Du potiron ou de la courge conviendraient aussi très bien pour cette recette. Dans ce cas, prévoyez environ 200 g de chair.

Porte de l'Orient

Pour **1 verre**

Coût : € €

- 100 g de figues
- 1/2 banane
- 10 cl de lait
- 1 glaçon

1 Retirez le pédoncule des figues. Épluchez la banane. Mettez tous les ingrédients dans le blender et faites tourner 30 s à puissance maximale. Servez le jus dans un verre avec le glaçon.

Variantes
Vous pouvez remplacer la banane par de la poire.
C'est aussi très bon avec un yaourt à la place du lait. Le smoothie sera alors plus épais.

Tout en douceur

Pour **1 verre**

Coût : €

- 2 abricots
- 1/4 de mangue
- 1 cuil. à café de miel
- 2 glaçons

1 Nettoyez les abricots à l'eau courante et dénoyautez-les. Épluchez la mangue et récupérez sa chair. Mettez tous les ingrédients dans le blender. Faites tourner 30 s à puissance maximale. Servez le jus dans un verre.

Variante
C'est un jus qui pourrait très bien se transformer en smoothie en ajoutant un peu de lait.

Fruit du pêcher

Pour **1 verre**

Coût : € €

- 2 pêches jaunes
- 50 g de framboises

1 Dénoyautez les pêches. Nettoyez les framboises. Mettez les ingrédients dans le blender. Faites tourner 30 s à puissance maximale et servez dans un verre.

Conseil
Si vous trouvez le jus trop épais, ajoutez un peu d'eau.

Variantes
Remplacez les pêches par des brugnons ou des pêches blanches.
C'est un jus qui pourrait très bien se transformer en smoothie en ajoutant un peu de lait.

Chaleur tropicale

Pour **1 verre**

Coût :

- 1 banane
- 1 kiwi
- 1 fruit de la Passion
- 2 glaçons

1 Épluchez la banane et le kiwi. Mettez-les dans le blender avec les glaçons.
Faites tourner 30 s à puissance maximale. Versez le jus obtenu dans un verre transparent.

2 Coupez le fruit de la Passion en deux et récupérez les graines avec une cuillère. Ajoutez-les dans le jus. Mélangez avant de servir.

Variantes

Ce jus serait aussi très bon en smoothie : ajoutez un peu de lait ou un yaourt.
N'hésitez pas à ajouter un peu de lait de coco.
Une autre très bonne recette : passez au blender un peu d'eau ou de glace avec 3 abricots.
Ajoutez ensuite les graines d'1 fruit de la Passion directement dans le verre de service.

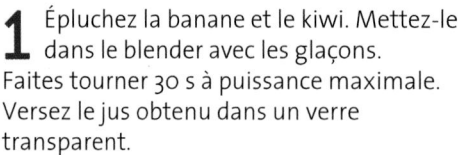

Planteur

Pour **1 verre**

Coût :

- 1/2 citron vert
- 1 kaki
- 1 fruit de la Passion

1 Épluchez le citron vert pour ne garder que sa chair. Passez-le à la centrifugeuse avec le kaki. Agitez à l'aide d'une cuillère et versez le jus dans un grand verre.

2 Coupez le fruit de la Passion en deux et récupérez les graines avec une cuillère. Ajoutez-les dans le jus. Mélangez avant de servir.

Conseil

Ôtez bien les parties blanchâtres du citron qui sinon donneraient de l'amertume au jus.

Variante

Passez à la centrifugeuse 1 kaki et 200 g de framboises.

Index par type de jus

Index par produit

Direction : Jean-François Moruzzi
Direction éditoriale : Pierre-Jean Furet
Édition : Raphaële Wauquiez
Correction : Mélanie Le Neillon
Conception intérieure : Dune Lunel
Réalisation intérieure : MCP
Couverture : Claire Guigal
Fabrication : Amélie Latsch
Partenariats : Sophie Augereau (Tél. : 01 43 92 36 82)

Dépôt légal : Juin 2007
ISBN : 978-2-01-621057-4
62-66-1057-02-9

Impression : G. Canale & C.S.p.A., Turin (Italie).